Florian Fritz

#HERZLICH

Ein Gedicht über das Herz

mit Herz-Fotografien

Impressum

Bibliografische Information der Deutschen Nationalbibliothek:
Die Deutsche Nationalbibliothek verzeichnet diese Publikation in der Deutschen Nationalbibliografie; detaillierte bibliografische Daten sind Im Internet über http://dnb.dnb.de abrufbar.

Herstellung und Verlag: BoD – Books on Demand, Norderstedt

ISBN: 9783756815715

Das Herz

ist nicht

nur

ein Organ.

Es ist

die Sonne

in

der Bahn,

die

um den

Körper Erde

kreist

und

ihm im All

die Richtung

weist.

Das Herz

pulsiert

mit jedem

Schlag,

eröffnet

jeden

neuen

Tag,

begleitet

einen

in die

Nacht.

Es pumpt

und klopft

und rast

und wacht.

Das Herz

hat eine

rote

Farbe.

Es lebt

auch noch

mit einer

Narbe.

Was es

bewältigt,

ist

enorm

in

seiner

Doppelkammer-

form.

Das Herz

braucht

dafür

seine Pflege,

Versorgung

durch

die

Atemwege

und Teamwork

mit

den

Lungenflügeln,

und manchmal

muss man

es auch

zügeln.

Denn

das Herz

ist

sehr spontan

und

gerne

fährt es

Achterbahn

mit

Emotionen

und

Gefühlen.

Das Herz

will toben,

kämpfen,

spielen.

Doch

nicht umsonst

reimt sich

der Schmerz

beliebt

und häufig

auf

das Herz.

Es

hält viel aus,

nur

irgendwann,

da

fängt es dann

zu stechen

an.

Und

wenn es einmal

zieht

und sticht,

dann ist

es möglich,

dass es

bricht.

Und

ist das

Herz

einmal zerbrochen,

dauerts

lange,

nicht nur

Wochen,

diesen

Bruch

zu

reparieren.

Das Herz

kann brennen

und auch

frieren.

Ein Herz

will

nicht alleine

sein.

Es

schlägt

harmonischer

zu zwein.

Das

nennt man

Liebe,

ganz profan.

Das Herz
ist nicht
nur ein
Organ.